2481.

NOTICE BIOGRAPHIQUE

SUR

M. CHARLES-ALEXANDRE LESUEUR

ARMES DE LA VILLE DU HAVRE

NOTICE BIOGRAPHIQUE

SUR

M. CHARLES-ALEXANDRE LESUEUR

NATURALISTE

NÉ AU HAVRE

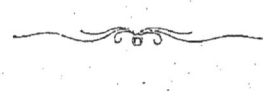

HAVRE

Imprimerie — ALPH. LEMALE — Quai d'Orléans, 9.

1858

NOTICE BIOGRAPHIQUE

SUR

M. CHARLES-ALEXANDRE LESUEUR

NATURALISTE

NÉ AU HAVRE

Dans sa séance du 19 mars 1858, le Conseil Municipal de la Ville du Havre, assemblé sous la présidence de M. Ed. Larue, Maire, a entendu le rapport de la Commission qu'il avait chargée d'examiner un projet d'installation, dans les salles du Musée, des collections de feu M. Lesueur, naturaliste, généreusement données à la Ville par ses neveux, MM. Berryer et Ed. Quesney.

Le Conseil, appréciant tout le mérite de ce travail, qui contient une notice biographique très intéressante sur notre célèbre compatriote, en a voté l'impression, et a décidé que des exemplaires en seraient adressés aux donateurs, comme témoignage de la reconnaissance de la Ville du Havre.

RAPPORT (*)

Dans les dernières années du XVIIIᵉ siècle, l'Institut de France, toujours animé du désir d'accroître le domaine des sciences, qui sont, pour les nations, la base de la gloire la plus durable, conçut le projet d'un voyage de découvertes dans la partie méridionale de l'hémisphère oriental.

L'Angleterre venait d'y fonder la colonie pénitentiaire de la Nouvelle-Galles-du-Sud : elle avait planté

(*) La Commission était composée de MM. C. Oursel, Ed. Quesney et Eug. Marcel.

son drapeau sur divers points des terres Australes ; mais il restait un vaste champ ouvert aux travaux de la science et de la géographie, dans les immenses contrées encore inexplorées de cette cinquième partie du monde.

Bonaparte, membre de l'Institut, récemment élevé à la dignité de Premier Consul, accueillit avec faveur un projet qui lui fournissait l'occasion de prouver que la France, rivale infatigable de l'Angleterre sur les champs de bataille, pouvait, sous son gouvernement, soutenir avec non moins de succès une lutte de concurrence dans les entreprises utiles à l'humanité ; et au moment où l'armée de réserve s'ébranlait pour franchir les Alpes et entrer en Piémont, il donna les ordres nécessaires pour hâter l'exécution de cette entreprise pacifique.

Les corvettes le *Géographe* et le *Naturaliste* furent équipées dans le port du Havre (*).

(*) La corvette le *Naturaliste* était commandée par un illustre normand, Hamelin, d'Honfleur, depuis contre-amiral. Ce nom, célèbre dans nos fastes maritimes, n'a fait que grandir dans l'amiral Hamelin, aujourd'hui ministre de la marine, neveu et glorieux élève du contre-amiral.

Le désir de prendre part à ces voyages lointains, qui comportent toujours un certain caractère de grandeur et de singularité, fit rechercher avec empressement jusqu'aux moindres emplois dans cette expédition, et l'Institut put choisir, parmi les plus capables, les vingt-trois membres du corps scientifique qui devait exécuter ses instructions durant le voyage.

Charles-Alexandre Lesueur, né au Havre le 1ᵉʳ janvier 1778, n'avait pu obtenir d'être admis comme dessinateur adjoint : il se fit enrôler en qualité de novice timonier, à bord du *Géographe*.

Le 19 octobre 1800, les deux corvettes sortirent du port du Havre, se dirigeant d'abord vers l'Ile-de-France, point de ralliement.

La relation de leur voyage, en deux volumes in-quarto, sortis des presses de l'imprimerie impériale, et dont Lesueur a fait hommage à la bibliothèque de la Ville du Havre, nous dispense de les suivre dans leur campagne, et permet d'apprécier la part qui doit être attribuée à notre concitoyen dans les résultats scientifiques qui en ont été le prix.

Le découragement, la maladie et la mort avaient successivement éclairci les rangs, dans les divers comités scientifiques de l'expédition ; le novice timonier était déjà promu, par le commandant en chef, au poste et aux appointements de peintre dessinateur d'histoire naturelle à bord du *Géographe*, avant l'arrivée à l'Ile-de-France. Bory St-Vincent, alors chef de la section zoologique à bord du *Naturaliste*, a consigné dans la relation de son voyage dans les quatre îles principales des mers d'Afrique, en 1801 et 1802, que l'examen des dessins de Lesueur, lorsqu'il visita le *Géographe* au Port-Louis, le lui fit considérer, dès-lors, comme un des membres le plus utile de l'expédition.

Les causes de l'avancement rapide de Lesueur, dans la section de peinture, avaient exercé la même influence, dans la section zoologique, en faveur de François Péron, à peu près du même âge, et embarqué comme lui à titre supplémentaire sur le *Géographe*.

Attirés l'un vers l'autre par une sympathie mutuelle, Péron et Lesueur se trouvèrent à peu près seuls en mesure de remplir, au point de vue de l'histoire naturelle, le but de l'expédition, lorsqu'elle atteignit les terres

Australes; et c'est à cette amitié dévouée qu'on doit sans doute attribuer la meilleure part des succès obtenus, puisque des vingt-trois membres composant, au départ, les comités scientifiques, trois seulement ont revu la terre de France, après avoir accompli le voyage en entier.

Le 25 mars 1804, le *Géographe* rentra dans le port de Lorient. Péron et Lesueur, désormais inséparables dans les annales de la science, retrouvèrent le sol natal, après trois ans et demi de fatigues et de dangers.

Sur leurs instances, un Comité de l'Académie des Sciences, composé de Messieurs :

  Laplace,
  Bougainville,
  Fleurieu,
  Lacépède,
  Cuvier,

fut chargé d'examiner leurs collections; et le 9 juin 1806, cette illustre Commission présentait à l'Académie des Sciences un rapport détaillé, auquel nous empruntons les citations suivantes :

« Des cinq zoologistes désignés par le Gouverne-

« ment, deux restèrent à l'Ile-de-France; deux autres
« moururent au début de la seconde campagne de ma-
« ladies contractées à Timor, et Péron resta seul; mais
« soutenu par son inépuisable énergie, avec le concours
« de Lesueur, il rassembla une collection zoologique
« dont l'importance devient de plus en plus manifeste.

« Elle se compose de plus de cent mille échantil-
« lons d'animaux, dont plusieurs constituent des genres
« nouveaux, et les nouvelles espèces, de l'avis des pro-
« fesseurs du Muséum, excèdent 2,500.

« Si l'on considère que le second voyage de Cook,
« quelles qu'importantes qu'aient été ses découvertes, n'a
« fait connaître qu'environ 250 nouvelles espèces, et que
« tous les voyages réunis de Carteret, Wallis, Furneaux,
« Mears et même Vancouver, n'en ont pas produit un
« plus grand nombre, il est évident que Péron et Le-
« sueur, ont découvert plus d'animaux nouveaux, que
« tous les naturalistes voyageurs des temps modernes.

Poursuivant son rapport, Cuvier ajoute :

« Une description, quelque complète qu'elle soit,

« ne peut jamais donner une juste idée de ces formes
« singulières qui n'ont aucun terme de comparaison
« dans les objets déjà connus, et des dessins corrects
« peuvent seuls suppléer alors à l'insuffisance du lan-
« gage. C'est ce qui double le mérite des travaux de
« Lesueur, dont il est de notre devoir de vous rendre
« compte. Cinq cents dessins ou peintures, exécutés par
« lui, reproduisent avec une extrême précision les prin-
« cipaux objets recueillis par ses soins et ceux de son
« ami. Tous ces dessins, faits sur nature vivante, ou sur
« échantillon frais, forment la plus complète et la plus
« précieuse collection en ce genre, que nous ayons
« jamais connue.

Et plus loin :

« Vous avez vu, par ce que nous vous avons dit des
« travaux de Lesueur, à quel point il se trouve associé
« à ceux de Péron : l'Histoire de l'homme ne lui est pas
« moins redevable. Tous les détails de l'existence des
« naturels... leurs instruments de musique, de guerre,
« de chasse, de pêche; leurs ustensiles domestiques, cos-
« tumes, ornements; les habitations, les tombeaux, en
« un mot, tout ce que leur industrie naïve a pu pro-

« duire, se trouve réuni dans les dessins de cet artiste
« consciencieux et infatigable. »

Signalons, en passant, ce rare et précieux honneur pour notre compatriote d'avoir compté parmi les historiens de son intéressante odyssée, des hommes tels que Laplace et le grand Cuvier (*).

Tels furent, Messieurs, les débuts de votre concitoyen Charles-Alexandre Lesueur, dans le voyage de découvertes aux terres Australes, effectué de 1800 à 1804 par les corvettes le *Géographe* et le *Naturaliste*.

Le temps que vous consacrez aux affaires publiques

(*) Les biographies veulent que Cuvier soit né à Montbéliard : la Normandie est peut-être en droit de disputer la naissance de ce grand homme à la ville qui le réclame.
Nous croyons pouvoir affirmer qu'à peine jeune homme, Cuvier fut préposé à l'éducation des enfants de Mme la marquise d'Erici (château de Thiergeville, canton de Valmont, Seine-Inférieure), que son premier herbier fut recueilli sur les falaises normandes, et qu'une mission du Gouvernement l'ayant appelé à Rouen, sous le premier Empire, il s'empressa d'y mander ses parents des environs d'Yvetot, portant le même nom que lui et l'écrivant avec la même orthographe.

est trop précieux, pour qu'il nous soit permis de vous faire parcourir dans tous ses détails la carrière qu'il a suivie pendant les 40 années qui s'écoulèrent entre cette époque et sa mort ; mais vous avez honoré la mémoire de Lesueur, en donnant son nom à l'une des nouvelles rues de cette Ville ; vous êtes appelés à prononcer sur une dépense à faire pour classer convenablement dans les galeries de votre Muséum d'histoire naturelle, les collections qu'il a laissées, et Votre Commission ne pouvait se dispenser de mettre sous vos yeux, au moins un résumé succinct qui justifie auprès de nos arrière-neveux ces témoignages de bienveillante sympathie.

Le rapport de Cuvier à l'Académie des Sciences, détermina le Ministre de la Marine à ordonner la publication d'un voyage qui devait évidemment faire honneur au Gouvernement et au pays. Péron, chargé de la rédaction, se mit à l'œuvre, et, avec l'aide de Lesueur, termina, en 1806, le premier volume du voyage de découvertes aux terres Australes, qui fut publié l'année suivante.

Le peu de fonds réservé pour cet ouvrage, ne permit pas d'enrichir l'atlas de toutes les planches préparées par Lesueur. Ce fut un désappointement pour le public, et principalement pour ceux qui avaient eu l'avantage de voir la riche collection de dessins du portefeuille de l'artiste, œuvres périssables et dont la perte devait être irréparable.

Péron avait commencé le second volume de son ouvrage, lorsque les progrès de la maladie de poitrine, dont il avait contracté le germe dans ses voyages, le forcèrent à s'éloigner de Paris. Lesueur le conduisit à Nice, et, pour donner un but à son activité, recueillit une collection intéressante des coquilles vivantes de la contrée. Le 14 décembre 1810, Péron mourut dans sa 36me année, léguant tous ses manuscrits à Lesueur; mais l'esprit supérieur qui pouvait seul mettre en valeur ces précieux matériaux n'était plus! Lesueur reconnut, avec sa modestie habituelle, que sa plume n'avait pas l'éloquence de ses crayons, et la tâche de terminer et publier le second volume du voyage, fut dévolue au capitaine Louis Freycinet, commandant la *Casuarina*, goëlette achetée dans le cours de l'expédition, pour servir d'auxiliaire.

Ce second volume ne parut qu'en 1816, avec un

atlas exclusivement composé de cartes et de plans. Il devait contenir 28 gravures des dessins de Lesueur, dont les planches étaient presque terminées; mais les dix années écoulées depuis la publication du premier volume avaient affaibli l'intérêt attaché à l'entreprise, dans sa nouveauté, et concoururent avec les malheurs de l'époque à faire supprimer les allocations indispensables pour compléter convenablement une œuvre du premier Empire.

Aussi longtemps qu'il avait eu à multiplier les démarches pour conduire à bonne fin la publication d'un ouvrage qui devait perpétuer la mémoire de son ami, Lesueur avait pu faire diversion au chagrin que lui causait sa perte; mais, en 1815, l'espoir de retrouver, sous d'autres climats, le calme qu'il cherchait en vain dans sa patrie, lui fit accueillir la proposition de M. W^{am} Maclure, de l'accompagner dans un voyage aux Indes Occidentales et aux États-Unis.

Il visita successivement les Barbades, St-Vincent, Ste-Lucie, la Martinique, la Dominique, la Guadeloupe, Antigues, St-Christophe, St-Barthelemy, St-Eustache, St-Thomas, St-Johns, Ste-Croix et l'Archipel des îles secondaires. Les animaux marins de ces régions devinrent l'objet de ses investigations, et Lesueur fit un riche butin parmi les poissons, les mollusques et les tortues de la mer des Antilles

Il avait reconnu que dans l'étude de l'histoire naturelle, les poissons, qui constituent un appoint considérable, avaient proportionnellement été négligés, et que les essais tentés de loin en loin ne faisaient que mettre en évidence tout ce qui restait à faire pour l'ichthyologie. Il dirigea ses recherches de ce côté, et les échantillons que lui doit le Musée du Havre, placent déjà notre collection en ce genre au rang des plus intéressantes et des plus rares.

En 1816, Lesueur et Maclure explorèrent les Etats de New-York, New-Jersey, Pensilvanie, Maryland, Rhode-Island, Massachussets et Connecticut.

L'accueil qui leur fut fait à Philadelphie, où la réputation de Lesueur l'avait précédé, l'engagea à s'y fixer : la Société Américaine de Philosophie s'empressa de lui ouvrir ses portes. En 1818, il fut élu membre de l'Académie des Sciences naturelles, et devint un des principaux soutiens de cette institution.

Il lui soumit le plan d'un traité méthodique d'ichthyologie, et les fonds mis à sa disposition s'accrurent avec une rapidité qui ajoutait aux espérances des amis de la science ; mais il fallait à Lesueur un collaborateur pour la partie littéraire, sans laquelle les plus riches matériaux du naturaliste ne peuvent offrir qu'un intérêt éphémère, et n'ayant pas trouvé cet auxiliaire indispensable, Lesueur ne put donner au public qu'un aperçu de ses travaux, dans les articles qu'il a fournis successivement au journal de l'Académie des Sciences naturelles de Philadelphie, durant neuf années de résidence.

Nous vous demandons la permission, Messieurs, de déplacer pour un moment vos idées, et, en abaissant le rideau sur l'histoire naturelle, de faire une excursion dans celle de l'humanité.

Les théories du socialisme, qui ne retentirent en Europe que vingt ans plus tard, étaient déjà passées à l'état d'expérimentation dans la jeune Amérique.

Au milieu des forêts de l'Indiana, sur les bords du Wabash, l'un des plus magnifiques affluents du Mississipi, elles avaient donné naissance à une ville nommée New-Harmony.

M. Maclure, devenu le principal soutien de l'entreprise, luttait, avec plus de courage que de succès, contre les aspirations naturelles de ses néophytes vers la propriété individuelle. Il fit appel à l'amitié de Lesueur et réclama sa présence en termes si pressants, que celui-ci ne vit plus qu'un devoir à remplir dans cette circonstance.

Abandonnant une position heureuse et honorée, favorable à ses goûts et à ses talents, il se rendit, en 1828, à New-Harmony, et se dévoua, pendant neuf années, au salut d'une entreprise dans laquelle il n'avait personnellement aucune foi.

Cette partie de sa vie, passée au sein des forêts, dans les privations attachées à l'état de société primitive, ne fut pas perdue pour la science, et les envois qu'il faisait chaque année au Muséum d'histoire naturelle de Paris, d'échantillons variés des animaux, des poissons et des minéraux du pays, témoignèrent de son zèle pour les progrès de l'histoire naturelle, et de son attachement à la patrie.

Au milieu des éléments discordants de la communauté de New-Harmony, la société de Thomas Gay rendit ses ennuis moins pénibles, et les deux naturalistes, dans leurs fréquentes excursions, trouvaient, au milieu des vastes solitudes qu'ils exploraient, ces consolations qui naissent de l'identité de goûts et de vues ; mais les liens de l'amitié devaient encore être cruellement brisés : M. Gay mourut en octobre 1834, et Lesueur fut d'autant plus douloureusement frappé de cette perte, qu'il prévit dès-lors la ruine de tous les projets de publications scientifiques qu'il avait nourris depuis son arrivée en Amérique.

La réputation de Lesueur, autant que le désir de juger sur place l'expérimentation du communisme, attiraient, chaque année, à New-Harmony la plupart des artistes et savants voyageurs, que l'Europe jetait en Amérique. La bienveillance avec laquelle Lesueur dirigeait leurs explorations dans ces déserts, et le butin qu'il leur procurait, ont fourni les matériaux de nombreuses publications qui, surtout en Allemagne et en Suède, ont donné à son nom une notoriété considérable.

Un noble ami des sciences, le prince Maximilien de

Newied, accompagné du peintre Bodmer, fut quelque temps son hôte et resta son ami : Il tenta de le ramener en Europe ; mais l'entreprise de Maclure avait encore besoin de lui et Lesueur fit taire son ardent désir de revoir sa famille et sa patrie : Il resta !

Un voyage à la Nouvelle-Orléans étant devenu nécessaire dans l'intérêt de la communauté, Lesueur descendit le cours du Wabash et du Mississipi ; et pour utiliser les fatigues et les dangers d'une navigation fluviale de 500 lieues, il leva les plans et vues des principaux sites de ces rivages, avec des notes qui devaient servir de matériaux à la rédaction d'un itinéraire descriptif de ces contrées si différentes alors de ce qu'elles sont aujourd'hui. Ces plans et vues, gravés sur cuivre par Lesueur lui-même, resteront seuls, sans doute, pour témoigner d'un état de choses qui se transforme de jour en jour.

M. David, Consul de France à la Nouvelle-Orléans, eut peine à reconnaître Lesueur, dans le Robinson dont le crayon de Bodmer nous a transmis la fidèle image et qui venait lui confier le soin de faire parvenir au Muséum de Paris de nouveaux échantillons d'histoire naturelle.

Il se fit l'interprète éloquent de toutes les raisons puissantes qui devaient arracher Lesueur à ses déserts et le rendre à son pays. Ce fut en vain, et remontant les fleuves qu'il venait de descendre, Lesueur rentra à New-Harmony ; mais la situation dans laquelle il trouva la communauté, le fit songer à rentrer en France.

Avant qu'il ait revu, après 22 ans d'absence, les hautes falaises des rivages normands ; avant qu'il ait respiré les senteurs vivifiantes de la patrie, nous avons voulu, à l'imitation de ces prêtres d'Egypte qui s'érigeaient en juges des morts, demander raison à la mémoire de Lesueur de ses tendances pour les rêves de New-Harmony :

L'étude des œuvres infinies de Dieu, exalte l'âme de l'homme qui vit penché sur les abîmes vertigineux de la mystérieuse nature; l'âme contracte dans ce contact religieux avec toutes les existences tombées de la semence divine, nous ne savons quelle tendresse merveilleuse qui la rapproche par la bonté de celui qui a tout créé et la purifie des passions inhérentes à l'humanité.

Lesueur était donc disposé par les entraînements

mêmes de ses études pour cette vie des apôtres, ascétique jusqu'à supprimer le corps à la glorification de l'âme et de l'esprit.

Ces natures toutes d'amour et de sympathie ont dépouillé l'ange déchu.

Aussi veulent-elles vivre libres et indépendantes de tout intérêt humain, rien ne leur appartient, tout est aux autres, et c'est à peine si elles daignent ramasser dans les agapes communes la miette de pain de Lazare.

Vous voyez, Messieurs, que n'entre pas qui veut à New-Harmony, et qu'il y a bien loin de ce pur commerce de l'esprit aux saturnales antisociales des ateliers nationaux.

Votre Commission, Messieurs, en commentant cette page de la vie de Lesueur, a voulu témoigner de cette impartialité que l'on doit aux morts, heureuse qu'elle ne lui ait révélé qu'un titre de plus pour notre modeste héros à l'estime des vivants.

Rentré à Paris, en 1838, possesseur d'un fonds de

matériaux pour l'histoire naturelle, le plus riche peut-être qu'un homme seul ait jamais rassemblé, Lesueur ne prétendait pas à l'honneur exclusif des publications dont il avait fourni les éléments ; mais il en voulait sa part, et rebuté par les exigences des hommes spéciaux, il résolut d'entreprendre seul une tâche immense.

A 60 ans, il s'assit sur les bancs de l'école de Jacob, pour se faire initier dans l'art de la lithographie qui lui promettait un auxiliaire prompt et économique.

C'est à l'aide de ce nouveau talent qu'il publia, en 1843, le tableau des vues et coupes du cap de la Hêve.

Voici à quelle occasion :

Dans un ouvrage alors nouveau, un géologue en réputation (*) avait avancé que les couches géologiques de l'embouchure de la Seine ne présentaient aucun intérêt au point de vue des débris organiques antédiluviens. Lesueur, ému d'une erreur aussi étrange, entreprit

---

(*) M. Antoine Passy.

l'exploration du massif de la Hêve, en tira d'innombrables échantillons fossiles appartenant aux genres les plus variés depuis les monstrueux sauriens jusqu'aux microscopiques madrépores et dessina sur nature plus de 80 variétés, que le tableau que nous venons de citer a fait connaître au public et dont les originaux sont maintenant dans les galeries de la Ville, à laquelle il dédia son ouvrage.

Nous serions ingrats, Messieurs, en ne vous arrêtant pas une minute sur ces travaux accomplis sous nos yeux-mêmes.

N'avez-vous pas pu voir, en effet, notre savant et courageux compatriote enlever dans ses bras, doublés par le concours de l'un de ses neveux, les animaux d'avant le déluge, engloutis dans les rochers de la Hêve, comme si Dieu n'avait laissé à ces êtres voués à l'extermination que le choix de leur dernier asile, l'abîme du rocher ou l'abîme de la mer ?

Lesueur ressuscitait, dans ses veilles, ces curieuses pétrifications, la pierre muette s'animait dans ses mains : sous le souffle de ce nouveau Prométhée, la

Hêve se transformait pour ainsi dire en un squelette gigantesque.

Absorbé dans les mystères de cette bible souterraine, les heures de la nuit ne sonnaient plus à ses oreilles ; vous l'eussiez vu penché sur les vertèbres d'un saurien, passé trois heures du matin !

Non pas sans témoins, non pas sans compagnie :

Le règne animal s'était fait représenter, dans ces recherches si intéressantes pour son histoire, par deux araignées, toujours fidèles au rendez-vous de la lumière, et que les ténèbres seules ramenaient dans leur logis.

Tant de travaux, tant d'œuvres, malgré la modestie de Lesueur, ne devaient pas rester sans récompense ; aussi la croix d'honneur lui fut-elle décernée. On peut dire qu'il était du nombre de ces hommes qui honorent les distinctions qui leur sont accordées.

Cependant la Ville du Havre avait élevé, sur l'emplacement de l'Hôtel-de-Ville de François Ier, un monument consacré aux sciences et aux arts.

Le Musée-Bibliothèque, pauvre de livres et privé de tableaux, laissait disponibles de vastes galeries. L'Administration Municipale les destina aux collections d'histoire naturelle, que la position maritime du Havre et ses relations avec le monde entier devaient enrichir de jour en jour.

Mais il fallait un homme spécial, dont les connaissances pussent imprimer à cette création une direction conforme aux méthodes adoptées par la science, et apporter dans le classement des innombrables richesses de l'histoire naturelle, l'ordre indispensable pour en faciliter l'étude et encourager les donations.

M. A. Lemaistre, alors Maire du Havre, fit appel au concours de Lesueur, qui fut nommé, en 1845, conservateur du Muséum d'histoire naturelle.

Ses connaissances variées et son infatigable activité produisirent les plus heureux résultats, et les collections attirèrent bientôt l'attention des savants et la faveur du public.

C'est au milieu de ces travaux que la mort l'enleva,

le 12 décembre 1846, à l'estime et à l'affection de tous ceux qui l'ont connu.

Artiste aussi consciencieux qu'habile, Lesueur a conservé tous les originaux des échantillons que son crayon a reproduits, à l'exception des méduses, qui ne sont pas susceptibles de conservation prolongée; et, pour apprécier l'importance des collections qu'il a laissées, il suffit de considérer la carrière qu'il a parcourue.

Ses neveux ont compris que diviser cette œuvre d'une vie entière, c'eût été la détruire, et repoussant les offres qui leur ont été faites pour traiter de séries distinctes, notamment de celles des tortues, des poissons, des unio (ou coquilles), ils ont fait don à la Ville du Havre de quarante caisses, contenant les fruits de quarante ans de travaux dans les contrées les plus diverses, à la charge de les classer convenablement dans les galeries du Musée, pour en faire jouir le public et le monde savant.

Nous ne saurions, Messieurs, témoigner trop de gratitude à l'honorable famille de Lesueur, pour cette patriotique et libérale offrande.

Espérons que ces nobles exemples trouveront des imitateurs parmi ceux d'entre nos concitoyens qui rayonnent de ce rivage vers tous les points du globe.

Si Votre Commission croyait pouvoir appliquer un mot féodal à un vœu expression de science et de progrès, elle demanderait, à titre de péage, à chaque navire dont les couleurs, au retour, se hissent devant notre Musée, un souvenir des terres lointaines où il a jeté ses ancres.

Après tout, le Musée du Havre, aux droits du Logis du Roi François Ier, peut bien se poser en prince et affecter des fiefs.

Mais, en attendant que cette dîme de l'avenir s'ajoute à nos richesses, il convient de préparer l'hospitalité à celles amassées par Lesueur.

En conséquence, Votre Commission a l'honneur de vous proposer l'adoption des résolutions suivantes :

1.º Une somme de F. 8,000 sera inscrite au Budget supplémentaire de 1858, à l'effet de pourvoir aux dépenses nécessaires pour installer dans le Musée du Havre la collection d'histoire naturelle offerte à la Ville par la famille Lesueur ;

2° M. le Maire est prié de vouloir bien adresser aux honorables donateurs une expédition de la présente délibération.

Présenté au Havre, le 19 mars 1858.

C. OURSEL,
Ed. QUESNEY,
Eug. MARCEL, *Rapporteur*.

www.ingramcontent.com/pod-product-compliance
Lightning Source LLC
Chambersburg PA
CBHW060722050426
42451CB00010B/1573